P9-EME-350

ro
ro
ro

Zu diesem Buch

In den Vereinigten Staaten sind manche von ihnen inzwischen sprichwörtlich geworden: die sprachlichen Fehlleistungen des 43. Präsidenten der USA, der mit der englischen Sprache auf Kriegsfuß steht wie weiland in Deutschland der unvergessene Bundespräsident Heinrich Lübke («Guten Tag, meine Damen und Herren, liebe Neger») oder auch Kanzler Helmut Kohl («Entscheidend ist, was hinten rauskommt»). Dubya kann da mühelos mithalten. «Ich weiß, wie schwer es für Sie ist, Essen auf Ihre Familie zu legen» oder «Ich glaube, darin sind wir uns einig: Die Vergangenheit ist vorbei» sind als eherne Regeln des Alltags ebenso überzeugend formuliert wie politisches Basiswissen nach dem Motto «Das ist eindeutig ein Haushaltsplan. Es stehen viele Zahlen drin» oder «Unser Land muss zusammenkommen, um sich zu vereinigen».

Der amerikanische Journalist Jacob Weisberg hat in zwei Bändchen die schönsten und schrägsten dieser «Bushisms» zusammengetragen; die deutsche Ausgabe präsentiert eine von Gerhard Henschel und Kathrin Passig kongenial übersetzte Auswahl in einem Band. Damit es nicht zu teuer wird, einen besonderen Geschmack zu haben. Denn, um es mit den Worten des Präsidenten zu sagen: «Es ist Ihr Geld. Sie haben dafür bezahlt.»

Jacob Weisberg ist politischer Chefkorrespondent des Magazins *Slate*. Er war 1992 bereits Mitherausgeber der Sammlung «Bushisms», die Zeugnisse des Sprachtalents von George Bush versammelte, dem Vater des derzeitigen Präsidenten. Weisberg ist außerdem Autor des *New York Times Magazine*. Er lebt in New York.

VOLL DANEBEN, MR. PRESIDENT!

Wahre Worte von George W. Bush

Deutsch von Gerhard Henschel und Kathrin Passig

Herausgegeben von Jacob Weisberg

Rowohlt Taschenbuch Verlag

Die amerikanische Originalausgabe erschien 2001/2002 unter den Titeln *George W. Bushisms. The Slate Book of the Accidental Wit and Wisdom of Our Forty-third President* und *More George W. Bushisms. More of Slate's Accidental Wit and Wisdom of Our Forty-third President* bei Fireside/Simon & Schuster in New York.

2. Auflage März 2003

Veröffentlicht im Rowohlt Taschenbuch Verlag GmbH,

Reinbek bei Hamburg, März 2003

Copyright der deutschsprachigen Ausgabe

© 2003 by Rowohlt Taschenbuch Verlag GmbH, Reinbek bei Hamburg

Die in dieser Ausgabe enthaltenen Texte sind den folgenden Bänden entnommen:

«George W. Bushisms» Copyright © 2001 by Jacob Weisberg (volume I)

«More George W. Bushisms» Copyright © 2002 by Jacob Weisberg (volume II)

Alle deutschen Rechte vorbehalten

Lektorat Frank Strickstrock

Umschlaggestaltung any.way, Wiebke Buckow

(Foto: Reuters)

Innengestaltung Daniel Sauthoff, Hamburg

Satz aus Goudy Old Style und Helvetica Inserat (PostScript)

auf QuarkXPress 4.0

Druck und Bindung Clausen & Bosse, Leck

ISBN 3 499 61619 X I

VORWORT ZUR DEUTSCHEN AUSGABE

Lange vor Helmut Kohl gingen Karl der Kahle und Otto der Faule in die deutschen Geschichtsbücher ein und nährten kraft ihres Namens in Generationen von Schulkindern Zweifel an der Ehrwürdigkeit regierender Respektspersonen. Dann stahl sich der Kaiser nach Holland fort, und es begann der Aufstieg des grausamsten und lächerlichsten Despoten, den das deutsch-österreichische Germanentum jemals hervorgebracht hatte, und doch sollte es nach Hitlers schmachvollem Selbstmord noch mehr als eine Nachkriegszeit und rund vier Legislaturperioden dauern, bis wenigstens die Deutschen der westlichen Besatzungszonen sich eingestehen mochten, dass das eigene Staatsoberhaupt einfachen Geistes sein könne, genauer gesagt: vertrottelt und verkalkt. Beim Bundespräsidenten Heinrich Lübke (Jahrgang 1894) mehrten sich in seiner zweiten Amtszeit die Aussetzer; er wusste manchmal nicht mehr, in welcher Stadt er gerade sprach, er verwechselte Ortsnamen mit Nachnamen, und er soll die Queen bei ihrem Staatsbesuch 1967 mit schaurigem Haus-Englisch irritiert haben. Die Redaktion der Zeitschrift *Pardon* brachte damals eine klassisch gewordene Langspielplatte mit Lübkes gröbsten Schnitzern in den Handel, und der Amtsnachfolger Gustav Heinemann hatte alle Hände voll damit zu tun, die beschädigte Amtswürde wieder einigermaßen zu restaurieren.

Die Torheit der Regierenden war mittlerweile auch von der Forschung erkannt und untersucht worden, und im strengen Sinne autoritäts- und staatsgläubig waren Ende der 1970er, Anfang der 1980er Jahre in der Bundesrepublik nach einem Befund von Michael Rutschky nur noch einige Exilschwaben in Kreuzberg, die sich an festgelegten Kalendertagen aufbäumten, Fensterscheiben zertrümmerten und Ladendiebstahl begingen. Fast alle anderen Wähler und Wechselwähler nahmen den Staat, jedenfalls in Gestalt des Bundeskanzlers, nicht mehr so furchtbar ernst, denn Helmut Kohl sagte immerfort Sachen wie «Befruchtung ist keine Einbahnstraße» und andere lustige Dinge und gab sich in Habitus, Gestus, Wortwahl und Personalentscheidungen ohne Scham als guter Esser aus Rheinland-Pfalz zu erkennen. In zahllosen Büchern wurden närrische und peinliche Zitate aus dem Mund des Kanzlers der Öffentlichkeit unterbreitet. Gewählt, wieder gewählt und wieder gewählt und wieder gewählt wurde Kohl zum Verdruss seiner Feinde trotzdem.

Noch während der Ära Kohl verlegten sich die Gesellschaftskritiker Thomas Gsella und Jürgen Roth angesichts der Unverwüstlichkeit des Kanzlers aus Verzweiflung auf die ironische Verherrlichung der Sentenzen und Metaphern des Fußballreporters Heribert Faßbender («Aber jetzt stehen sie vielbeinig dahinten, die Iren, wollen sich die Butter natürlich nicht mehr vom Brot nehmen lassen») und gaben das Buch «So werde ich Heribert Faßbender. Grund- und Aufbauwortschatz Fußballreportage» heraus (Essen: Klartext 1995), aber auch das war ein Kampf gegen Windmühlen. Interessanter für die dummen Fernsehzuschauer war da schon längst das Kasperletheater geworden, das sowohl öffentlich-rechtliche als auch private Fernsehsender mit Politikerpuppen aufführten.

Heute muss man niemanden mehr davon überzeugen, dass es Spitzenpolitiker gibt, die ein bisschen dusselig sind. Mit der Nachricht, dass George W. Bush, der 43. Präsident der Vereinigten Staaten von Amerika, ein Dummerjan ist, kann man nur sehr, sehr einfach gestrickte Country-Fans aus Pritzwalk oder Königs Wusterhausen noch überraschen.

Und doch gilt George W. Bush nicht zu Unrecht als mächtigste Marionette der Welt. Das ist bedenklich. Man muss deswegen nicht sofort dpa anrufen, denn man ist ja nicht Günter Grass, auf dessen kaschubischen Schultern die Verantwortung für die gesamte Menschheit ruht. Man ist nur Fußvolk und muss zusehen, was man tun kann.

Tun können wir alle etwas. Zum Beispiel können wir unseren Bekanntenkreis mit der hier vorgelegten Quintessenz aus George W. Bushs

Philosophie vertraut machen. Würziger und prägnanter als in seinen eigenen, oft rätselhaften und unübersetzbaren Worten kann dieser Mann nicht beschrieben werden. Hier der Familienmensch, der Gentleman, der Wirtschaftsweise, der Diplomat, der ausgefuchste Optimist – und dort der Familienmensch, der Pessimist, der Präsident, der Ökonom, der lebenssatte «graue Wolf», der überhaupt nicht begreift, welche Kräfte ihn aus der Wiege heraus in sein hohes Amt befördert haben. George W. Bush – der Mann der dreizehn Masken. Selbst seinen engsten Beratern und Dompteuren gilt er gleichermaßen als Cäsar, Sphinx und Goofy. Und doch gibt er sich in jedem Wort, das er unbeaufsichtigt fallen lässt, als ganz kleiner Mann von der Straße zu erkennen, mit einem intellektuellen Horizont von heute bis Mittag.

Das ist das Janusgesicht Amerikas. Einerseits Wall Street, Schweinebucht, Tom Sawyer, Mondlandung und Bob Dylan – andererseits Indianer, Donald Duck, ungenießbares Brot, Hollywood und Pursuit of Happiness. Für welches Gesicht George W. Bush sich entscheiden wird, ist noch offen.

Gerhard Henschel

VORWORT DES HERAUSGEBERS

In den Jahren, in denen ich diese Äußerungen unseres Präsidenten gesammelt habe, stand ich immer wieder vor der gleichen Frage: Was stimmt mit dem Mann nicht?

Die klinische Einschätzung, die die weiteste Verbreitung erfahren hat, stammt von der bekannten Psycho-Journalistin Gail Sheehy. Sie veröffentlichte einen langen Artikel in *Vanity Fair*, in dem sie die Theorie aufstellte, George W. Bush leide an undiagnostizierter Dyslexie. Ein paar Stunden nach der Veröffentlichung des Artikels antwortete der republikanische Kandidat: «Die Frau, die behauptet, ich hätte Dyslexie – die habe ich nie interviewt.» Wer dieses Zitat in der Zeitung las, konnte glauben, der Gouverneur von Texas habe einen Witz gemacht. Reporter wie ich, die ihn auf einem Rollfeld in Kalifornien umringten, als er diese Bemerkung machte, wussten, dass es ihm leider ernst war.

Trotzdem glaube ich nicht, dass Bush Dyslektiker ist. Wenn man ihn vor einen Teleprompter setzt, kneift Bush die Augen zusammen, runzelt die Stirn und starrt hinein wie ein Admiral, der im Zwielicht das Festland auszumachen versucht. Aber er hat keine nennenswerten Schwierigkeiten, die Worte seiner Redenschreiber in der richtigen Reihenfolge wiederzugeben, wenn sie an seinen Augen vorbeiziehen. Probleme gibt es erst, wenn Bush nicht abliest, was ein anderer für ihn geschrieben hat, und dabei Sätze herauskommen wie «Ich kenne mich aus mit dem Wachstum kleiner Unternehmen. Ich war selbst mal eines». Oder «Die Englers sind so ein guter Mann!».

Ich vermute, dass das Problem eine erbliche Komponente hat. George W. Bushs Vater George H. W. Bush war nicht dumm, aber er sitzt neben Eisenhower und Coolidge in unserem Pantheon sprachlich beeinträchtigter Präsidenten. Wenn Bush I. extemporierte, ließ er Pronomen und Verben fahren («Aussage: Kümmere mich»), schwächte alle gefühlsbetonten Ausdrücke mit Worten wie «Kram» und «Ding» ab («das

Visionsding») und unterbrach sich oft mitten im Gedanken, um andere mentale Botschaften zu bearbeiten, die gerade eingingen, eine Neigung, die mein Freund Tim Noah als seinen «Anklopfmodus» bezeichnete. Kein Reporter, der diesen Tag in New Hampshire miterlebt hat, wird je H. W. Bushs großen Wiederwahl-Rap vergessen: «Erinnern wir uns an Lincoln, der in schweren Zeiten und im Bürgerkrieg auf die Knie gefallen ist und so. Sie können nicht. Und wir sind gesegnet. Sie sollten also nicht bedauern – weine nicht um mich, Argentinien. Wir haben Probleme hier, und ich bin mit guter Gesundheit gesegnet, kerngesund. Mein Gott, man kriegt die Grippe, und die machen eine Staatsangelegenheit draus. Na ja, das gehört zum Handwerk.» Es waren Worte wie diese, die mich vor zehn Jahren dazu bewogen, den Begriff «Bushismus» zu prägen, angelehnt an den «Reaganismus der Woche», der regelmäßig in Lou Cannons Kolumne in der *Washington Post* erschien.

Ist es möglich, dass ein Defekt in den Sprachgenen der Bushs steckt? In seinem Buch «The Language Instinct» beschreibt Stephen Pinker vom MIT eine Studie einer Linguistin namens Myrna Gopnik über eine Gruppe von Testpersonen, die sie Familie K. nennt. Obwohl ihre Lese- und Schreibfähigkeit und ihre Intelligenz sonst normal entwickelt sind, können die K.s ihre Subjekte und Verben nicht in Einklang bringen. «Die Jungen essen vier Keks», sagt einer. «Lernt unsere Kinder was?», fragt ein anderer. Professor Gopnik bezeichnet dieses erbliche Problem als spezifische Sprachstörung (specific language impairment) oder SLI. Als ich diesen Abschnitt in Pinkers Buch las, dachte ich, ich hätte eine große Entdeckung gemacht. Die Bushs waren Familie K.!

Der Fairness halber muss aber gesagt werden, dass George, der Vater, keine Schwierigkeiten hat, seine Subjekte und Verben in Einklang zu bringen. Und George, der Sohn, hat einige sprachliche Lücken, die offenbar nichts mit SLI zu tun haben. Darunter sind, um nur einige zu nennen, Malapropismen, die an Archie Bunker erinnern («Mit menschlicher Fälschbarkeit kenne ich mich aus»); Spoonerismen («Tarrieren und Barife»); Verkehrungen ins Gegenteil («Wenn ich

Präsident bin ... wird jeder mundtot gemacht»); Banalitäten («Ich glaube, darin sind wir uns einig: Die Vergangenheit ist vorbei»); Redundanzen («schließlich ist das Schließliche passiert»); Redewendungen, die sich häufig ums Essen drehen, werden mit dem Knüppel erlegt und ins Sinnlose verdreht («den Kuchen höher machen», «Essen auf Ihre Familie legen»); ganz zu schweigen von den Augenblicken reiner, überschwänglicher Blödelei, die Dads Glanzleistungen in nichts nachstehen («Ich weiß, dass Mensch und Fisch friedlich zusammenleben können»).

Die Möglichkeit, dass eines Tages jemand das Krankheitsbild des Präsidenten bestimmen können wird, muss offen bleiben. Aber ich glaube nicht mehr, dass wir eine einzige Ursache finden werden. Meine gegenwärtige Erklärung speist sich aus der Natur und der Kultur der Bushs. Man nehme die Vatersprache, die für Mittelschüler bearbeitete Version des Handbuchs für den Oberklasse-Schnösel. Man mariniere sie in den Raffineriedünsten von Midland, Texas. Dann begebe man sich zurück an die Ostküste und bringe eine der piekfeinsten und wirkungslosesten Ausbildungen aller Zeiten zur Anwendung. Kräftig umrühren und unter Druck öffnen. Heraus kommen die Juwelen des unbeabsichtigten Witzes, die dieser Band versammelt.

Das Buch, das Sie in Händen halten, bestand in Amerika aus zwei Bänden. Der erste erschien im Januar 2001 in der kurzen Zeitspanne zwischen Ernennung und Amtseinführung. Das Buch begann sich zu verkaufen, George W. Bush wurde vereidigt, und ich fragte mich weiterhin: Was dachte Bush über die Bushismen? Kicherte er reaganhaft oder brodelte er vor nixonscher Wut?

Meine Frage wurde nach einigen Monaten beantwortet, als der Präsident meinen Autorentraum erfüllte, indem er beim «Correspondents Dinner» im Weißen Haus vor 1500 Reportern das *Slate*-Buch der George-W.-Bushismen schwenkte. «Die meisten von Ihnen wissen vermutlich nicht, dass ich ein neues Buch veröffentlicht habe», rief er und stürzte sich in eine Lesung. Er wiederholte sein «Ich glaube, dass

Mensch und Fisch friedlich zusammenleben können» und erklärte: «Einen zusammenhängenden Satz bilden kann jeder. Aber so was versetzt einen in ganz neue Dimensionen.» Bush zitierte noch einige Klassiker («Macht den Kuchen höher», «Unsere Importe kommen mehr und mehr aus Übersee»), bevor er sich wieder empfahl. «Meine Damen und Herren, jetzt werden Sie zugeben müssen, dass ich in meinen Sätzen weiter gehe als je ein Mensch zuvor», sagte er.

Der Auftritt war, wie sich der Präsident gern ausdrückt, erste Sahne. Bill Clinton hatte sich zu diesen Veranstaltungen eingefunden und mit zusammengebissenen Zähnen über sich selbst gewitzelt. Aber Bush steckte die Schläge nicht nur ein, er warf sich ihnen entgegen. Wenn sich unser Präsident international zum Gespött machte, tat er es immerhin lachend. Aber W. wäre nicht W., wenn er nicht beim Sprechen über Bushismen ein oder zwei Bushismen verbrochen hätte. «Ich habe neue Worte geprägt wie ‹Missverständnis› und ‹Hispanielisch›», bemerkte er. Ich nehme an, er wollte «verunterschätzen» sagen, eines seiner Markenzeichen, aber da er das für ein richtiges Wort hielt, brachte sein eigener vorbereiteter Text ihn vorübergehend aus der Fassung. Wie soll man es nennen, wenn Bush beim Versuch, einen Bushismus zu bilden, stolpert und ein Wort versehentlich korrekt verwendet? Einen umgekehrten Bushismus? Einen Bushismismus?

Jedenfalls konnte ich mich unmöglich für dieses präsidiale Entgegenkommen nicht erkenntlich zeigen. Bald stellte ich fest, dass ich Bushismen verzieh, die man als bloße Eigenheiten des West-Texas-Dialekts durchgehen lassen konnte wie «nucular» statt «nuclear», «tireously» statt «tirelessly», «explayed» statt «displayed» und das wie ein Tex-Mex-Omelette klingende «Infitada» statt «Intifada». Ich verlor kein Wort darüber, als Bush Stevie Wonder bei einem Konzert zuwinkte – ein visueller Bushismus; man musste dabei gewesen sein, um ihn richtig zu würdigen.

Ich stellte fest, dass sich eine Menge Ausrutscher erklären ließen, wenn man sich erst mal damit abfand, dass – wie es ein Berater ausdrückte – der Präsident nun mal so redet.

12

Nach dem 11. September hörte ich auf, Bushismen in *Slate* zu veröffentlichen. Diese Entscheidung führte zu erheblichen Leserprotesten. Bush hatte die Nation aufgefordert, den Normalzustand wiederherzustellen. Was gab es Normaleres, als sich über W. lustig zu machen? Wer war ich, dass ich mich einer Anordnung des Präsidenten widersetzte? Aber ich hatte das Gefühl, dass Bushismen nicht mehr zum Lachen waren. Wenn der Oberbefehlshaber nicht ganz bei Groschen war, taten wir besser daran, die Klappe zu halten und zu beten, dass «Dick Cheney den Lachs bestellt». Ich hatte vor, zu warten, bis «Der Böse» erledigt war, und dann mit meiner Sammlung fortzufahren. Aber sechs Monate später war von Osama bin Laden nicht mehr die Rede, jedenfalls nicht in Republikanerkreisen. Und ich musste zugeben, dass ich die Bushismen, die Leser und Freunde weiterhin einschickten, wieder zum Lachen fand. Also wurde die «Bushismus des Tages»-Rubrik in *Slate* wiederbelebt.

Meine Aufgabe war währenddessen nicht leichter geworden. Unter den wachsamen Augen von Karen Hughes und Karl Rove äußerte sich der Kriegspräsident weniger häufig und weniger spontan in der Öffentlichkeit. Seine Imageberater ließen ihn nicht mehr mit fünf Stunden Schlaf und ohne vorbereiteten Text auf die Zuhörer los. Ein weiterer Schlag war es, dass die Pressestelle des Weißen Hauses ihre offiziellen Transkripte der Äußerungen des Präsidenten zu bereinigen begann. Ich reiste nicht mehr mit dem Präsidenten herum und war auf die Genauigkeit dieser Mitschriften angewiesen. Würde ich je davon erfahren, wenn Bush etwas über Menschen sagte, die hart arbeiten müssen, um Essen auf ihre Familie zu legen, oder über amtliche Manschettenknöpfe?

Zum Glück habe ich immer noch meine Quellen. Karen ist wieder zu Hause in Texas. Und Karls eifrigen Bemühungen zum Trotz gibt es immer noch diese magischen Tage, an denen der Präsident unausgeschlafen und untrainiert auf den Rasen vor dem Weißen Haus hinausstolpert, vergeblich nach einem Teleprompter sucht, mit zusammengekniffenen Augen den Horizont absucht und den Mund aufmacht.

«Und deshalb habe ich in meiner Lage der – meiner Lage der Nation – oder Lage – meiner Rede an die Nation, wie man das auch nennen will, Rede an die Nation – ich habe die Amerikaner gebeten, 4000 Jahre – 4000 Stunden in den nächsten – den Rest ihres Lebens – in den Dienst Amerikas zu stellen. Darum habe ich gebeten – 4000 Stunden.» Wenn ich einen solchen Augenblick verpasse, macht mich ein hilfsbereiter Kollege, der dabei war, oder ein aufmerksamer *Slate*-Leser, der die Regierungsangelegenheiten live auf C-SPAN verfolgt, in der Regel darauf aufmerksam.

Und nun zurück zu Ihnen, Mr. President.

Jacob Weisberg

DER KANDIDAT

«Ich weiß nicht, ob ich gewinne oder nicht. Ich glaube schon. Ich weiß jedenfalls, dass ich bereit bin. Und wenn nicht, dann eben nicht.»

«I don't know whether I'm going to win or not. I think I am. I do know I'm ready for the job. And if not, that's just the way it goes.»

– DES MOINES, IOWA, 21. AUGUST 2000

DER BEWAHRER

«Wir haben den ‹Preservation Month›, den Monat des
Bewahrens. Ich bin sehr fürs Bewahren. Das macht man,
wenn man für das Präsidentenamt kandidiert. Man muss
bewahren.»
> *«This is Preservation Month. I appreciate preservation. It's what
> you do when you run for president. You gotta preserve.»*

– Rede im «Perseverance Month» (Monat der Beharrlichkeit) an der
Fairgrounds Elementary School in Nashua, New Hampshire. Zitiert in
der Los Angeles Times, 28. Januar 2000

DER ÖKONOM I

«Ich kenne mich aus mit dem Wachstum kleiner Unternehmen. Ich war auch mal eines.»
> *«I understand small business growth. I was one.»*

– New York Daily News, 19. Februar 2000

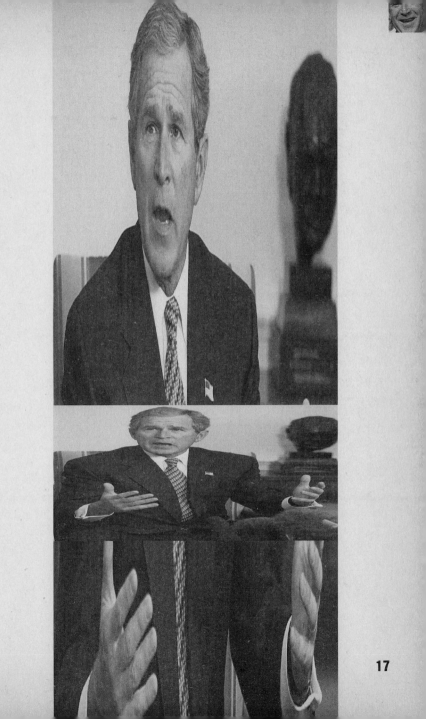

DER MENSCHENKENNER

«Mit menschlicher Fälschbarkeit kenne ich mich aus.»
«I am a person who recognizes the fallacy of humans.»

– OPRAH, 19. SEPTEMBER 2000

DER TIERFREUND

«Ich weiß, dass Mensch und Fisch friedlich zusammenleben können.»
«I know the human being and fish can coexist peacefully.»

– Saginaw, Michigan, 29. September 2000

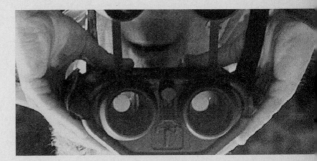

DER ÖKONOM II

«Es ist klar, dass unsere Nation in großem Umfang von
ausländischem Öl abhängig ist. Unsere Importe kommen
mehr und mehr aus Übersee.»

> *«It is clear our nation is reliant upon big foreign oil. More and
> more of our imports come from overseas.»*

– BEAVERTON, OREGON, 25. SEPTEMBER 2000

DER VERANTWORTUNGSTRÄGER

«Jeder einzelne Amerikaner soll genau wissen, dass ich
für meine Entscheidungen verantwortlich bin, und jeder
von Ihnen ist es auch.»

> «*I want each and every American to know for certain that
> I'm responsible for the decisions I make, and each of you are
> as well.*»

– LIVE WITH REGIS, 20. SEPTEMBER 2000

DER HAUSHERR

«Die Regierung, die ich einsetzen werde, ist eine Gruppe von Männern und Frauen, die sich auf das konzentrieren, was für Amerika am besten ist, ehrliche Männer und Frauen, anständige Männer und Frauen, Frauen, die den Dienst an unserem Land als großes Privileg betrachten und das Haus nicht beschmutzen werden.»

> *«The administration I'll bring is a group of men and women who are focused on what's best for America, honest men and women, decent men and women, women who will see service to our country as a great privilege and who will not stain the house.»*

– Des Moines, Iowa, 15. Januar 2000

DER UNTERSCHÄTZTE

«Man hat mich als Führer verschätzt.»
  «They have miscalculated me as a leader.»

– WESTMINSTER, CALIFORNIA, 13. SEPTEMBER 2000

«Man hat mich verunterschätzt.»
  «They misunderestimated me.»

– BENTONVILLE, ARKANSAS, 6. NOVEMBER 2000

DER VISIONÄR I

«Das ist ein Kapitel, das letzte Kapitel des zwanzigsten, zwanzigsten, einundzwanzigsten Jahrhunderts, das viele am liebsten vergessen wollen. Das letzte Kapitel des zwanzigsten Jahrhunderts. Das ist das erste Kapitel des einundzwanzigsten Jahrhunderts.»

«That's a chapter, the last chapter of the twentieth, twentieth, twenty-first century that most of us would rather forget.
The last chapter of the twentieth century. This is the first chapter of the twenty-first century.»

– Arlington Heights, Illinois, 24. Oktober 2000

DIE EHRLICHE HAUT

«Ich glaube, wenn man weiß, was man glaubt, ist es viel einfacher, Fragen zu beantworten. Ich kann Ihre Frage nicht beantworten.»

> *«I think if you know what you believe, it makes it a lot easier to answer questions. I can't answer your question.»*

– REYNOLDSBURG, OHIO, 4. OKTOBER 2000

DER GLAUBWÜRDIGE I

«Das Vertrauen ist riesig. Ich sehe das immer wieder, wenn
Leute auf mich zukommen und zu mir sagen: ‹Lassen Sie
mich nicht nochmal im Stich.›»

    «There's a huge trust. I see it all the time when people come up to
    me and say, ‹I don't want you to let me down again.›»

– BOSTON, MASSACHUSETTS, 3. OKTOBER 2000

DER GUTE NACHBAR

«Wir müssen alle dem universellen Ruf Folge leisten, unseren Nachbarn so zu mögen, wie wir selbst gern gemocht werden mögen.»

«We must all hear the universal call to like your neighbor just like you like to be liked yourself.»

– Financial Times, 14. Januar 2000

DER FAMILIENMENSCH I

«In den Familien liegt die Hoffnung unserer Nation, hier bekommen Flügel Träume.»
> «Families is where our nation finds hope, where wings take dream.»

– La Crosse, Wisconsin, 18. Oktober 2000

DER FEINSCHMECKER I

«Ich weiß, wie schwer es für Sie ist, Essen auf Ihre Familie
zu legen.»
    «I know how hard it is for you to put food on your family.»

– Nashua, New Hampshire, 27. Januar 2000

DER PÄDAGOGE I

«Wir wollen, dass unsere Lehrer so ausgebildet werden, dass sie den Pflichten, ihren Pflichten als Lehrer nachkommen können. Sie sollen wissen, wie man die Wissenschaft des Lesens vermittelt. Damit man ihnen auf keinen Fall amtliche – amtliche Manschettenknöpfe anlegt.»

> *«We want our teachers to be trained so they can meet the obligations, their obligations as teachers. We want them to know how to teach the science of reading. In order to make sure there's not this kind of federal – federal cufflink.»*

– Fritsche Middle School, Milwaukee, Wisconsin, 30. März 2000

DIE LESERATTE

«Lesen ist die Grundlagen
für jedes Lernen.»
  *«Reading is the basics for
  all learning.»*

– RESTON, VIRGINIA, 28. MÄRZ 2000

«Was an Büchern mit am
besten ist: Manchmal
sind da ganz phantasti-
sche Bilder drin.»
  *«One of the great things
  about books is sometimes
  there are some fantastic
  pictures.»*

– U.S. NEWS & WORLD REPORT,
  3. JANUAR 2000

DER PÄDAGOGE II

«Selten stellt man sich die Frage:
Lernt unsere Kinder was?»
   *«Rarely is the question asked: Is our
   children learning?»*

– Florence, South Carolina,
   11. Januar 2000

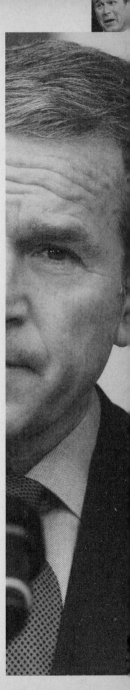

DER ÖKONOM III

«Das ist eindeutig ein Haushaltsplan. Es stehen viele Zahlen
drin.»

> «It's clearly a budget. It's got a lot of
> numbers in it.»

– Reuters, 5. Mai 2000

DER EHEBERATER

«Ich finde es wichtig, dass diejenigen unter uns in verantwortlichen Positionen ihre Erfahrungen nachdrücklich
weitergeben, dass man versteht, dass uneheliche Kinder
eine sehr schwierige Aufgabe für Mutter wie Baby dar-
stellen ... Ich glaube, wir müssen erklären, dass es eine
andere Alternative gibt als die Kultur, die Leute wie Miss
Wolf in der Gesellschaft vertreten ... Und Kondome, Sie
wissen ja, die funktionieren hoffentlich, aber es hat
nicht funktioniert.»

«*I think it's important for those of us in a position of responsibility to be firm in sharing our experiences, to understand that the babies out of wedlock is a very difficult chore for mom and baby alike … I believe we ought to say there is a different alternative than the culture that is proposed by people like Miss Wolf in society … And, you know, hopefully, condoms will work, but it hasn't worked.*»

– MEET THE PRESS, 21. NOVEMBER 1999

DER KOSMOPOLIT

«Wenn die Osttimorianer zum Aufstand
schreiten, werde ich bestimmt eine Stellung-
nahme dazu parat haben.»
   *«If the East Timorians decide to revolt, I'm sure I'll have a state-
   ment.»*

– The New York Times, 16. Juni 1999

«Die Kosovianer können zurückkehren.»
   «Kosovians can move back in.»

– CNN Inside Politics, 9. April 1999

«Alles, was ich über die Slowakei weiß, habe ich aus erster Hand von Ihrem Außenminister erfahren, der nach Texas gekommen ist.»

«The only thing I know about Slovakia is what I learned firsthand from your foreign minister, who came to Texas.»

– Zu einem slowakischen Journalisten, zitiert nach Knight Ridder News Service, 22. Juni 1999. Bush hatte sich mit dem slowenischen Premierminister Janez Drnovsek getroffen.

«Für ein gutes Verhältnis zu den Griechenländern sorgen.»

«Keep good relations with the Grecians.»

– The Economist, 12. Juni 1999

DER STRATEGE

«Meine Außenpolitik wird außengewogen sein.»
«I will have a foreign-handed foreign policy.»

– Redwood, California, 27. September 2000

«Wir dürfen nicht zulassen, dass Terroristen und Schur-
kenstaaten diese Nation geiseln oder unsere Verbünde-
ten geiseln.»
*«We cannot let terrorists and rogue nations hold this nation
hostile or hold our allies hostile.»*

– Des Moines, Iowa, 21. August 2000

DER AUSSENPOLITIKER I

«Ich hoffe, ich bekomme ein Gefühl dafür, falls ich das
Glück haben sollte, Präsident zu werden, wie meine
Regierung auf den Nahen Osten reagieren wird.»

*«I hope to get a sense of, should I be fortunate enough to be the
president, how my administration will react to the Middle East.»*

– WINSTON-SALEM, NORTH CAROLINA, 12. OKTOBER 2000

DER VISIONÄR II

«Werden die Datenautobahnen zunehmend abnehmen?»
«Will the highways on the Internet become more few?»

– Concord, New Hampshire, 29. Januar 2000

DER CHRIST I

«Ich kann Ihnen nur sagen, dass ich in allen Fällen, die ich mir angesehen habe, zufrieden mit der Unschuld oder Schuld der betreffenden Person war. Ich glaube nicht, dass wir im Staate Texas einen schuldigen – ich meine unschuldigen Mann hingerichtet haben.»

«The only things that I can tell you is that every case I have reviewed I have been comfortable with the innocence or guilt of the person that I've looked at. I do not believe we've put a guilty – I mean, innocent person to death in the state of Texas.»

– National Public Radio, 16. Juni 2000

DER ÖKONOM IV

«Es ist Ihr Geld. Sie haben dafür bezahlt.»
«It's your money. You paid for it.»

– La Crosse, Wisconsin, 18. Oktober 2000

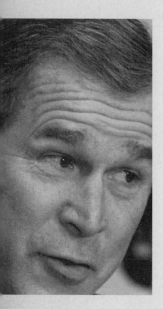

DER ÖKONOM V

«Wenn die Tarrieren und Barife abgeschafft werden, wird diese Wirtschaft wachsen.»

«If the terriers and bariffs are torn down, this economy will grow.»

– Rochester, New York, 7. Januar 2000

DER SOZIALPOLITIKER I

«Dick Cheney und ich wollen dieses Land nicht in einer Rezession sehen. Wir wollen, dass jeder, der Arbeit finden kann, auch Arbeit finden kann.»

> *«Dick Cheney and I do not want this nation to be in a recession. We want anybody who can find work to be able to find work.»*

– 60 Minutes II, 5. Dezember 2000

DER FEINSCHMECKER II

«Wir sollten den Kuchen höher machen.»
«We ought to make the pie higher.»

– COLUMBIA, SOUTH CAROLINA, 15. FEBRUAR 2000

DER JURIST I

«Die Legislative ist dazu da, Gesetze niederzuschreiben.
Die Exekutive ist dazu da, Gesetze zu interpretieren.»
  «The legislature's job is to write law. It's the executive branch's
  job to interpret law.»

– AUSTIN, TEXAS, 22. NOVEMBER 2000

DER SCHLAUBERGER

«Eine der Gemeinsamkeiten, die
ich gefunden habe, ist die, dass
die Erwartungen über das Erwar-
tete hinausgehen.»
  *«One of the common denominators
  I have found is that expectations
  rise above that which is expected.»*

– LOS ANGELES, 27. SEPTEMBER 2000

DER HELLHÖRIGE

«In diesem Wahlkampf werden nicht nur die Stimmen der
Unternehmer und der Landwirte und der Unternehmer
gehört; wir hören auch auf die, die darum kämpfen vor-
anzukommen.»

> «This campaign not only hears the voices of the entrepreneurs and
> the farmers and the entrepreneurs, we hear the voices of those
> struggling to get ahead.»

– Des Moines, Iowa, 21. August 2000

DER PHILOSOPH I

«Ich glaube, darin sind wir uns einig: Die Vergangenheit
ist vorbei.»
   «I think we agree, the past is over.»

– Über sein Treffen mit John McCain, The Dallas Morning News,
   10. Mai 2000

DER GRUNDLAGENFORSCHER

«Ich hoffe, wir können der Antwort auf den Grund gehen.
Das interessiert mich am meisten.»

> *«I hope we get to the bottom of the answer. It's what I'm interested to know.»*

– Associated Press, 26. April 2000

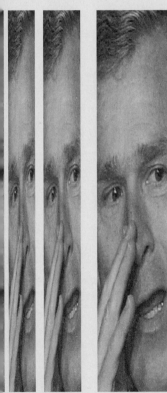

DER GEOGRAPH

GOUVERNEUR BUSH: Ich habe mit meinem kleinen Bruder Jeb geredet – das habe ich nicht vielen Leuten erzählt. Aber er ist der Gouverneur von – ich sollte ihn nicht meinen kleinen Bruder nennen – mein Bruder Jeb, der große Gouverneur von Texas.

JIM LEHRER: Florida.

GOUVERNEUR BUSH: Florida. Der Staat des Floridas.

> GOVERNOR BUSH: *I talked to my little brother, Jeb – I haven't told this to many people. But he's the governor of – I shouldn't call him my little brother – my brother, Jeb, the great governor of Texas.*
>
> JIM LEHRER: *Florida.*
>
> GOVERNOR BUSH: *Florida. The state of the Florida.*

– THE NEWSHOUR WITH JIM LEHRER, 27. APRIL 2000

DER LOGIKER I

«Also, ich – das klingt jetzt vielleicht ein bisschen nach West-Texas, aber mir gefällt das. Wenn ich über – wenn ich über mich rede und wenn er über mich redet, dann reden wir alle über mich.»

> «*Actually, I – this may sound a little West Texan to you, but I like it. When I'm talking about – when I'm talking about myself, and when he's talking about myself, all of us are talking about me.*»

– HARDBALL, 31. MAI 2000

DER REALIST

«Ich sage jetzt mal was über die beste
aller möglichen Welten, Chris. Ich
habe gelesen – ich verstehe die
Realität. Wenn Sie mich fragen, ob
ich als Präsident die Realität verstehen würde, ja.»

«*I'm gonna talk about the ideal world,
Chris. I've read – I understand reality.
If you're asking me as the president,
would I understand reality, I do.*»

– HARDBALL, 31. MAI 2000

DER LOGIKER II

«Was ich damit sagen will: Wenn Sie nicht sagen können, wie der Außenminister von Mexiko heißt, dann sind Sie, na ja, Ihrer Aufgabe nicht gewachsen. Aber in Wirklichkeit sind Sie's doch, egal, ob Sie es können oder nicht.»

«What I'm suggesting to you is, if you can't name the foreign minister of Mexico, therefore, you know, you're not capable of what you do. But the truth of the matter is you are, whether you can or not.»

– Seattle Post-Intelligencer, 6. November 1999

DER PRÄSIDENT

«Egal, ob es gut oder schlecht läuft, der Präsident kriegt immer die Schuld. Das verstehe ich.»

«Presidents, whether things are good or bad, get the blame. I understand that.»

– WASHINGTON, D. C., 11. MAI 2001

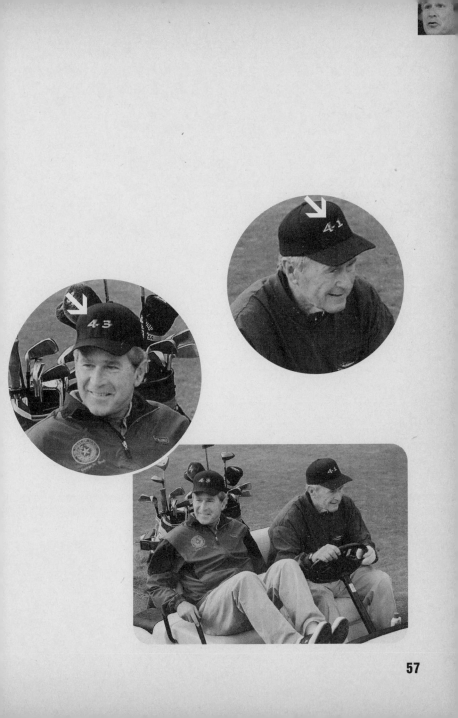

DER OPTIMIST

«Für mich gibt es keinen Zweifel, gar keinen Zweifel, dass
wir verlieren werden.»

    «And there's no doubt in my mind, not one doubt in my mind,
    that we will fail.»

– WASHINGTON, D. C., 4. OKTOBER 2001

DER CHRIST II

«Ich weiß, was ich glaube. Ich werde auch weiter zur Sprache bringen, was ich glaube, und was ich glaube – ich
glaube, was ich glaube, das stimmt.»

*«I know what I believe. I will continue to articulate what I believe
and what I believe – I believe what I believe is right.»*

– ROM, 22. JULI 2001

DAS ARBEITSTIER

«Ich werde mit jedem Kabinettsmitglied arbeiten, um jedem Kabinett eine Reihe von Zielen zu setzen.»

«I'm going to work with every Cabinet member to set a series of goals for each Cabinet.»

<small>– Pressekonferenz zur Ernennung der Minister für Energie, Arbeit und Verkehr, Austin, Texas, 2. Januar 2001</small>

DER HOMME À FEMMES

«Ich setze weiterhin mein Vertrauen in Linda. Sie wird eine ausgezeichnete Arbeitsministerin abgeben. Nach allem, was ich in der Presse über sie gelesen habe, ist sie hervorragend qualifiziert.»

«I do remain confident in Linda. She'll make a fine labor secretary. From what I've read in press accounts, she's perfectly qualified.»

– VERTEIDIGUNG DER NOMINIERUNG VON LINDA CHAVEZ ZUR ARBEITS-MINISTERIN, AUSTIN, TEXAS, 8. JANUAR 2001

DER GASTGEBER

«Sie will nur sichergehen, dass Anthony was Anständiges
zu essen bekommt – Antonio.»

> «She's just trying to make sure Anthony gets a good meal – Anto-
> nio.»

– Zu Tom Brokaw über Laura Bushs Einladung an Bundesrichter
Antonin Scalia zum Dinner im Weissen Haus, Dateline NBC,
14. Januar 2000

DER SKEPTIKER

«Ich habe mich hier mit einem guten Mann unterhalten.
Wir haben sehr eingehend über mein Vertrauen in seine
Fähigkeiten diskutiert.»
>   *«I talked with a good man right here. We had a very strong discussion about my confidence in his abilities.»*

– Nach einem Frühstück mit Alan Greenspan, Washington, D. C.,
18. Dezember 2000

DER ALLIIERTE

«Wir benutzen beide Colgate-Zahnpasta.»
«We both use Colgate toothpaste.»

– Über sein Verhältnis zu Tony Blair, Camp David, Maryland,
23. Februar 2001

DER GENTLEMAN

«Sie war gesittet.»
«She was neat.»

– ÜBER SEIN TREFFEN MIT
QUEEN ELIZABETH II.,
ZITIERT IN THE TIMES,
18. JULI 2001

DER POLITOLOGE

«Ich glaube, es ist sehr wichtig, dass die Verantwortlichen
weltweit erkennen, dass eine neue Regierung bedeutet,
dass die neue Regierung dann für die Außenpolitik
zuständig ist.»
*«I think it's very important for world leaders to understand that
when a new administration comes in, the new administration
will be running the foreign policy.»*

– INTERVIEW MIT USA TODAY, 12. JANUAR 2001

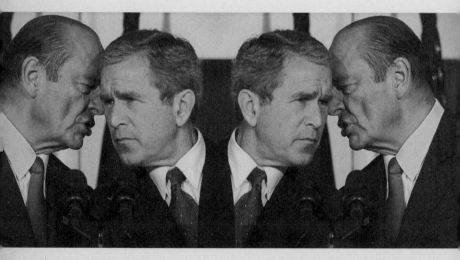

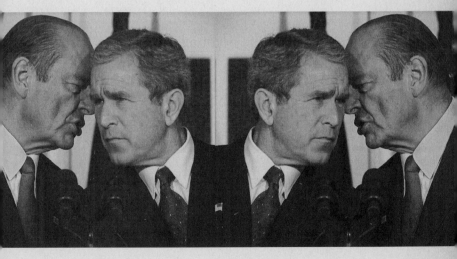

DER WELTPOLITIKER

«Es wird eine schwierige Aufgabe, die Rolle der Vereinigten Staaten neu zu definieren: von denjenigen, die
Frieden möglich machen, hin zu denjenigen, die es
möglich machen, den Friedensstiftern den Frieden vor-
zuenthalten.»

> *«Redefining the role of the United States from enablers to keep the
> peace to enablers to keep the peace from peacekeepers is going to
> be an assignment.»*

– INTERVIEW MIT THE NEW YORK TIMES, 14. JANUAR 2001

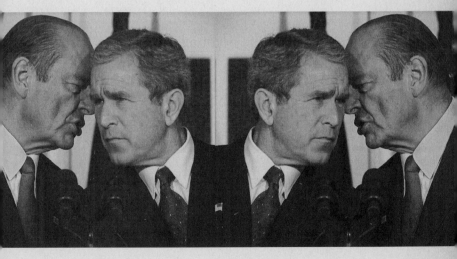

DER FRIEDENSFREUND

«Russland ist nicht mehr unser Feind, und deshalb sollten
wir uns nicht in einer Mentalität des Kalten Krieges ein-
igeln und den Frieden bewahren, indem wir uns gegenseitig in die Luft jagen. Das ist alt, das ist müde, das ist
lahm, das ist meine Haltung.»

> «Russia is no longer our enemy and therefore we shouldn't be
> locked into a Cold War mentality that says we keep the peace by
> blowing each other up. In my attitude, that's old, that's tired,
> that's stale.»

– Des Moines, Iowa, 8. Juni 2001

«Ich habe [Wladimir Putin] aber auch klar gemacht, dass es wichtig ist, die Einstellung aus alten Zeiten zu überwinden, als wir noch glaubten, die Welt wäre sicher, wenn wir uns gegenseitig in die Luft jagten.»

«But I also made it clear to [Vladimir Putin] that it's important to think beyond the old days of when we had the concept that if we blew each other up, the world would be safe.»

– WASHINGTON, D. C., 1. MAI 2001

«Es ist negativ, darüber nachzudenken, dass man einander in die Luft jagt. Das ist kein positiver Gedanke. Das ist ein Gedanke aus dem Kalten Krieg. Das ist ein Gedanke von als die Leute noch verfeindet waren.»

«It's negative to think about blowing each other up. That's not a positive thought. That's a Cold War thought. That's a thought when people were enemies with each other.»

– INTERVIEW MIT PEGGY NOONAN, THE WALL STREET JOURNAL, 25. JUNI 2001

DER DURCHBLICKER I

«Die Selbstmordattentate haben zugenommen. Es sind
einfach zu viele.»

> «The suicide bombings have increased. There's too many of
> them.»

– Albuquerque, New Mexico, 15. August 2001

DER KRISENMANAGER I

«Vor einer Woche waren schließlich –
Jassir Arafat war in seinem Gebäude in
Ramallah eingesperrt, in einem
Gebäude, das offenbar voll war mit
deutschen Friedensdemonstranten und
allen möglichen Leuten. Jetzt sind sie
draußen. Jetzt kann er Führungsqualitä-
ten zeigen, die Welt führen.»

*«After all, a week ago, there were – Yasser
Arafat was boarded up in his building in
Ramallah, a building full of, evidently,
German peace protestors and all kinds of
people. They're now out. He's now free to
show leadership, to lead the world.»*

– Washington, D. C., 2. Mai 2002

DER PFIFFIKUS

«Ich habe den Eindruck, dass die Unruhen im Nahen
Osten Unruhen für die ganze Region mit sich bringen.»
*«I understand that the unrest in the Middle East creates unrest
throughout the region.»*

– Washington, D. C., 13. März 2002

DER TÜFTLER

«Diese terroristischen Handlungen und, also, die Reaktionen darauf müssen aufhören, wenn wir das Grundgerüst – die Grundlagen – nicht das Grundgerüst, die Grundlagen für ein Grundgerüst für den Frieden diskutieren sollen, die Grundlagen legen ... genau.»

> «*These terrorist acts and, you know, the responses have got to end in order for us to get the framework – the groundwork – not framework, the groundwork to discuss a framework for peace, to lay the – all right.*»

– ÜBER DEN REPORT DES FRÜHEREN SENATORS GEORGE MITCHELL ÜBER
FRIEDEN IM NAHEN OSTEN, CRAWFORD, TEXAS, 13. AUGUST 2001

DER HISTORIKER

«Seit anderthalb Jahrhunderten bilden Amerika und
Japan eine der großen und dauerhaften Allianzen der
Neuzeit.»
> *«For a century and a half now, America and Japan have formed
> one of the great and enduring alliances of modern times.»*

– Tokio, 18. Februar 2002

DER CITOYEN DU GLOBE

«Wir haben lange über Afrika geredet, und das war auch
nötig. Afrika ist ein unglaublich krankes Land.»
  «We spent a lot of time talking about Africa, as we should. Africa
  is a nation that suffers from incredible disease.»

– Göteborg, 14. Juni 2001

DER SPASSVOGEL

«Gibt es in Ihrem Land auch Schwarze?»
  «Do you have blacks, too?»

– Zum brasilianischen Präsidenten Fernando Cardoso, zitiert im Spiegel, 19. Mai 2002

DER POLYGLOTTE

«Weder auf Französisch noch auf Englisch, noch auf Mexikanisch.»
  «Neither in French nor in English nor in Mexican.»

– Weigerung, auf Fragen von Reportern zu antworten. Beim Summit of the Americas, Quebec City, Kanada, 21. April 2001

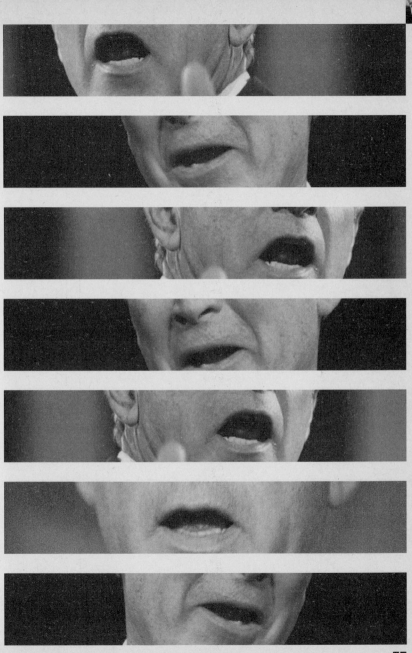

DER AUSSENPOLITIKER II

«Dieser außenpolitische Kram ist ein bisschen frustrie-
rend.»
> *«This foreign policy stuff is a little frustrating.»*

– Zitat aus den New Yorker Daily News, 23. April 2002

DER HARTE HUND

«Sie haben nicht damit gerechnet, dass wir eine Nation
sind, die Opfer für eine Sache bringen kann, die größer
ist als wir selbst; dass wir weich wären, dass wir so selbst-
bezogen und so materialistisch wären, dass wir nichts
von dem verteidigen, woran wir glauben. Man kann gar
nicht weiter danebenliegen. Sie haben nur die falsche
Zeitschrift gelesen oder die falsche Jerry-Springer-Talk-
show gesehen.»

> *«They didn't think we were a nation that could conceivably sacri-*
> *fice for something greater than our self; that we were soft, that*
> *we were so self-absorbed and so materialistic that we wouldn't*
> *defend anything we believed in. My, were they wrong. They just*
> *were reading the wrong magazine, or watching the wrong Sprin-*
> *ger show.»*

– WASHINGTON, D. C., 12. MÄRZ 2001

DER ÖKONOM VI

«Es ist ganz wichtig, dass die Leute verstehen, dass mehr Handel auch mehr Geschäft bedeutet.»
  «It's very important for folks to understand that when there's more trade, there's more commerce.»

– Quebec City, Kanada, 21. April 2001

DER UNBEQUEME MAHNER

«Es wäre ein Fehler, wenn der Senat der Vereinigten
Staaten zuließe, dass irgendwelche Klonversuche an
Menschen dieser Kammer entspringen.»
*«It would be a mistake for the United States Senate to allow any
kind of human cloning to come out of that chamber.»*

– WASHINGTON, D. C., 10. APRIL 2002

DER KRISENMANAGER II

«Wir machen uns Sorgen um Aids im Weißen
Haus – das können Sie glauben.»
   *«We're concerned about AIDS inside our White
   House – make no mistake about it.»*

– Washington, D. C., 7. Februar 2001

DER MACHER I

«Für jede Schießerei mit tödlichem Ausgang gibt es etwa drei Schießereien ohne tödlichen Ausgang. Und das geht in Amerika nicht. Das können wir einfach nicht hinnehmen. Und wir werden etwas dagegen tun.»

«For every fatal shooting, there were roughly three nonfatal shootings. And, folks, this is unacceptable in America. It's just unacceptable. And we're going to do something about it.»

– Philadelphia, Pennsylvania, 14. Mai 2001

DER MAGIER

« Vielen Dank, Herr Gouverneur. Ich möchte hiermit
bekannt geben, dass diesen Donnerstag Ticketschalter
und Flugzeuge vom Ronald Reagan Airport starten werden.»

> *« Governor, thank you very much. I am here to make an announce-
> ment that this Thursday, ticket counters and airplanes will fly out
> of Ronald Reagan Airport.»*

– ARLINGTON, VIRGINIA, 2. OKTOBER 2001

DER LINGUIST I

«Arbolist ... Schlagen Sie's nach. Ich weiß nicht, vielleicht hab ich mir das auch ausgedacht. Das ist jedenfalls ein Arbo-Baumologe, einer, der sich mit Bäumen auskennt.»

> «Arbolist ... Look up the word. I don't know, maybe I made it up. Anyway, it's an arbo-tree-ist, somebody who knows about trees.»

– Crawford, Texas, zitiert in USA Today, 21. August 2001

DER PÄDAGOGE III

«Man bringt einem Kind das Lesen bei, und dann kann sie
oder ihn einen Lese-Rechtschreib-Test bestehen.»
   *«You teach a child to read, and he or her will be able to pass a
   literacy test.»*

– Townsend, Tennessee, 21. Februar 2001

DER PÄDAGOGE IV

«Es ist an der Zeit, sich von dem alten Partisanen-Klein-
krieg, den Schuldzuweisungen und dem Hickhack zu
verabschieden, der davon kommt, dass man Eltern die
Möglichkeit gibt, selbst Entscheidungen für ihre Kinder
zu treffen.»

> «It is time to set aside the old partisan bickering and finger-
> pointing and name-calling that comes from freeing parents to
> make different choices for their children.»

– Bemerkungen zu «Parental Empowerment in Education» (mehr Mitbe-
stimmungsrechte für Eltern im Bildungswesen), Washington, D. C.,
12. April 2001

DER PÄDAGOGE V

«Wir müssen uns auf den Standpunkt stellen, dass jedes
Kind in Amerika – egal, wo es aufwächst oder wie es
geboren wird – lernen kann.»

> *«We must have the attitude that every child in America – regard-
> less of where they're raised or how they're born – can learn.»*

– New Britain, Connecticut, 18. April 2001

DER JURIST II

«Ich bin mir des Unterschieds zwischen Exekutive und
Legislative bewusst. Ich habe allen vier Verantwortlichen versichert, dass ich den Unterschied kenne, und
der Unterschied ist, dass sie die Gesetze erlassen und ich
sie exekutiere.»

> «*I am mindful of the difference between the executive branch and
> the legislative branch. I assured all four of these leaders that I
> know the difference, and that difference is they pass the laws and
> I execute them.*»

– Washington, D. C., 18. Dezember 2000

DER GEHÄNGTE

«Ich möchte Ihnen danken, dass Sie sich die Zeit genommen haben, herzukommen und zuzusehen, wie ich aufgehängt werde.»

«I want to thank you for taking time out of your day to come and witness my hanging.»

– Zur Einweihung seines Porträts, Austin, Texas, 4. Januar 2002

DER GEHEIMNIS-VOLLE I

« Wir werden ein Land
sein, dessen Stoff aus
Gruppen und liebevol-
len Kernen gemacht ist. »
*« We'll be a country where
the fabrics are made up of
groups and loving cen-
ters. »*

– Western Michigan University,
Kalamazoo, Michigan,
27. März 2001

DER PHILOSOPH II

«Meine Position als Abtreibungsgegner ist: Ich glaube,
dass es Leben gibt. Das hat nicht unbedingt religiöse
Gründe. Ich glaube, es gibt da ein Leben, und daher
rührt auch die Idee des Lebens, der Freiheit und des Stre-
bens nach Glück.»

> «My pro-life position is I believe there's life. It's not necessarily
> based in religion. I think there's a life there, therefore the notion
> of life, liberty, and pursuit of happiness.»

– Zitiert im San Francisco Chronicle, 23. Januar 2001

DER VOLKSFREUND

«Ich kann Ihnen nicht sagen, wie es beispielsweise in
Europa ist, wenn ich über Amerikas Großartigkeit rede.
Aber das eigentlich Großartige an Amerika sind die
Menschen.»

*«I can't tell you what it's like to be in Europe, for example, to be
talking about the greatness of America. But the true greatness
of America are the people.»*

– Beim Besuch des Jefferson Memorial, Washington, D. C., 2. Juli 2001

DER PATRIOT I

«Das Schöne an Amerika ist,
dass jeder wählen gehen soll.»
«The great thing about America is everybody should vote.»

– AUSTIN, TEXAS, 8. DEZEMBER 2000

DER REPUBLIKANER

«Wenn wir eine Diktatur hätten, wäre alles weiß Gott viel
einfacher, solange ich der Diktator bin.»
*«If this were a dictatorship, it would be a heck of a lot easier, just
so long as I'm the dictator.»*

– WASHINGTON, D. C., 18. DEZEMBER 2000

DER ÖKONOM VII

«Ann und ich werden diese zweideutige Botschaft in die
Welt hinaustragen: Die Märkte müssen offen sein.»
  *«Ann and I will carry out this equivocal message to the world:
  Markets must be open.»*

– Vereidigungszeremonie für Landwirtschaftsministerin Ann Veneman
Washington, D. C., 2. März 2001

DER FAMILIENMENSCH II

«Jedenfalls bin ich so dankbar und so anerkenntlich –
ich bin anerkenntlich, dass mein Bruder Jeb sich auch
Gedanken über die Hemisphäre macht.»

*«Anyway, I'm so thankful and so gracious – I'm gracious that
my brother Jeb is concerned about the hemisphere as well.»*

– Miami, Florida, 4. Juni 2001

DER PÄDAGOGE VI

«Das öffentliche Schulsystem Amerikas ist eine der wich-
tigsten Grundlagen unserer Demokratie. Schließlich
lernen hier Kinder aus ganz Amerika, wie man ein ver-
antwortungsbewusster Bürger wird, und eignen sich die
nötigen Fähigkeiten an, um aus unserer phantastischen
opportunistischen Gesellschaft ihren Vorteil zu ziehen.»

*«The public education system in America is one of the most
important foundations of our democracy. After all, it is where
children from all over America learn to be responsible citizens,
and learn to have the skills necessary to take advantage of our
fantastic opportunistic society.»*

– SANTA CLARA, CALIFORNIA, 1. MAI 2002

DER EHRENMANN

«Sie können sich sicher vorstellen, dass es eine unvorstell-
bare Ehre ist, hier zu leben.»

> *«I'm sure you can imagine it's an unimaginable honor to live
> here.»*

– In einer Ansprache an Landwirtschaftsvertreter im Weissen Haus,
  18. Juni 2001

DER RECHENKÜNSTLER

«Und deshalb habe ich in meiner Lage der – meiner Lage
der Nation – oder Lage – meiner Rede an die Nation, wie
man das auch nennen will, Rede an die Nation – ich
habe die Amerikaner gebeten, 4000 Jahre – 4000 Stunden in den nächsten – den Rest ihres Lebens – in den
Dienst Amerikas zu stellen. Darum habe ich gebeten –
4000 Stunden.»

*«And so, in my State of the – my State of the Union – or state –
my speech to the nation, whatever you want to call it, speech to
the nation – I asked Americans to give 4,000 years – 4,000
hours over the next – the rest of your life – of service to America.
That's what I asked – 4,000
hours.»*

– BRIDGEPORT, CONNECTICUT,
9. APRIL 2002

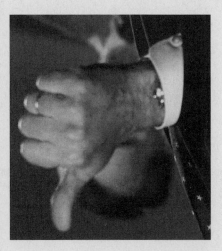

DER PATRIOT II

«Unser Land muss zusammenkommen, um sich zu vereinigen.»

> «*Our nation must come together to unite.*»

– TAMPA, FLORIDA, 4. JUNI 2001

DER SOZIALPOLITIKER II

«Aber wenn Sie entlassen werden, sind Sie 100 Prozent
arbeitslos, und das macht mir Sorgen.»
  «But if you've been laid off of work, you're 100 percent unem-
  ployed, and I worry about it.»

– GREEN BAY, WISCONSIN, 3. SEPTEMBER 2001

DER ÖKONOM VIII

«Und deshalb hoffe ich, dass Investoren, also – zweitens
hoffe ich, dass Investoren für eine bestimmte Zeit an
ihren Investitionen festhalten – ich habe festgestellt,
dass die besten Investitionen die sind, die man aus wirt-
schaftlichen Gründen auf die hohe Kante legt.»

*«And so, I hope investors, you know – secondly, I hope investors
hold investments for periods of time – that I've always found
the best investments are those that you salt away based on
economics.»*

– AUSTIN, TEXAS, 4. JANUAR 2001

DER UMWELTSCHÜTZER

«Es gibt ein paar Nationalparks, die sind so weitläufig, sie umfassen einfach so viel Land wie möglich. Und die integralen Bestandteile – die wertvollen Bestandteile sozusagen – das ganze Land ist vermutlich schützenswert, aber der Teil, den niemand zerstören will, wird nicht geplündert werden. Aber es gibt Teile der Nationalparks, in denen wir nach Öl bohren können, ohne die Umwelt zu beeinträchtigen.»

«There are some monuments where the land is so widespread, they just encompass as much as possible. And the integral part of the – the precious part, so to speak – I guess all land is precious, but the part that the people uniformly would not want to spoil, will not be despoiled. But there are parts of the monument lands where we can explore without affecting the overall environment.»

– Media round table, Washington, D. C., 13. März 2001

DER LOGIKER III

«Langfristig kann man am effektivsten Energie sparen,
indem man Energie effizienter verbraucht.»
   *«Over the long term, the most effective way to conserve energy is
   by using energy more efficiently.»*

– RADIOANSPRACHE, 12. MAI 2001

DER NATURWISSENSCHAFTLER

«Natürlich vorkommendes Gas ist hemisphärisch. Ich bezeichne es gern als von Natur aus hemisphärisch, weil es ein Stoff ist, den wir in unserer Umgebung finden können.»

«Natural gas is hemispheric. I like to call it hemispheric in nature because it is a product that we can find in our neighborhoods.»

– AUSTIN, TEXAS, 20. DEZEMBER 2000

DER DURCHBLICKER II

«Eine von unseren interessanten Initiativen in Washington, D.C. sind die Vampirbekämpfungsgeräte. Ein Vampir ist ein – ein Handydings, das man in die Steckdose steckt, um das Handy aufzuladen.»

«One of the interesting initiatives we've taken in Washington, D.C. is we've got these vampire-busting devices. A vampire is a – a cell deal you can plug in the wall to charge your cell phone.»

– Denver, Colorado, 14. August 2001

DER FAMILIENMENSCH III

«Ich sag es gern so: Es gibt kein wichtigeres Thema für
den Präsidenten, als die Moms und Dads in Amerika
daran zu erinnern: Wenn ihr ein Kind habt, dann seid
in der glücklichen Lage, ein Kind zu haben.»

«The way I like to put it is this. There's no bigger issue for
the president to remind the moms and dads of America, if you
happen to have a child, be fortunate to have a child.»

– Zu Angestellten des Finanzministeriums, 7. März 2001

DER FAMILIENMENSCH IV

«Vielleicht kann sie zu uns nach Florida kommen. Wenn nicht, kann sie ihr Zimmer ausmisten.»
  «*Maybe she'll able to join us in Florida. If not, she can clean out her room.*»

– ÜBER SEINE TOCHTER, KURZ NACH IHRER BLINDDARMOPERATION, 26. DEZEMBER 2000

DER GEHEIMNISVOLLE II

«So was wie Vermächtnisse gibt es nicht. Oder es gibt zwar
ein Vermächtnis, aber ich werde es nie zu sehen krie-
gen.»

> «*There's no such thing as legacies. At least, there is a legacy, but
> I'll never see it.*»

– Zu Vertretern der katholischen Kirche im Weissen Haus,
31. Januar 2001

DER LINGUIST II

«Zugegeben, ich bin kein großer Linguist.»
«I admit it, I am not one of the great linguists.»

– Zu Tom Brokaw, Inside the Real West Wing, 23. Januar 2001

DER MACHER II

«Über 75 Prozent aller weißen Amerikaner sind Haus-
eigentümer, und weniger als 50 Prozent der Hispano-
Amerikaner und Afro-Amerikaner sind keine Haus-
eigentümer. Das ist eine Kluft, eine Hauseigentümer-
kluft. Und dagegen müssen wir etwas unternehmen.»

> «Over 75 percent of white Americans own their home, and less
> than 50 percent of Hispanos and African Americans don't own
> their home. And that's a gap, that's a homeownership gap. And
> we've got to do something about it.»

– CLEVELAND, OHIO, 1. JULI 2002

DAS UNIVERSALGENIE

«Für mich ist die wichtigste Sache, daran zu denken,
was die wichtigste Sache ist.»

> «*The thing that's important for me is to remember what's the
> most important thing.*»

– MOLINE ELEMENTARY SCHOOL BEI MOLINE ACRES, ST. LOUIS, MISSOURI,
20. FEBRUAR 2001

DER GLAUBWÜRDIGE II

«Also, ich denke, wenn Sie sagen, Sie werden etwas tun, und tun es dann nicht, das ist Glaubwürdigkeit.»
> *«Well, I think if you say you're going to do something and don't do it, that's trustworthiness.»*

– CNN Online-Chat, 30. August 2000

DER PRAGMATIKER

«Ich meine, wir sollten das Alter heraufsetzen, in dem
Halbwüchsige Schusswaffen haben dürfen.»
   *«I think we ought to raise the age at which juveniles can
   have a gun.»*

– St. Louis, Missouri, 18. Oktober 2000

DER REDNER

«Die Regelung zu gemischtrassigen Verabredungen an der Bob Jones University, also, ich habe mich zu gemischtrassigen Verabredungen geäußert. Ich habe mich dagegen ausgesprochen. Ich habe mich gegen gemischtrassige Verabredungen ausgesprochen. Ich unterstütze die Regelung, gemischtrassig auszugehen.»

«The Bob Jones policy on interracial dating, I mean I spoke out on interracial dating. I spoke out against that. I spoke out against interracial dating. I support the policy of interracial dating.»

– CBS News, 25. Februar 2000

DER LINGUIST III

TED KOPPEL: «Er ist also Ihr Blitzableiter?»
BUSH: «Noch besser, er ist mein Donnerableiter.»
> TED KOPPEL: *«So he's your lightning rod?»*
> BUSH: *«More than that, he's my sounding rod.»*

– ÜBER VIZEPRÄSIDENT CHENEY, NIGHTLINE, 21. JULI 2000

DER PESSIMIST

«Meine Regierung hat alle Verantwortlichen im – im Nahen Osten aufgerufen, ihr Möglichstes zu tun, um der Gewalt ein Ende zu bereiten und den beteiligten Parteien mitzuteilen, dass es niemals Frieden geben wird.»

> «My administration has been calling upon all the leaders in the – in the Middle East to do everything they can to stop the violence, to tell the different parties involved that peace will never happen.»

– CRAWFORD, TEXAS, 13. AUGUST 2001

DER DIPLOMAT

«Sie haben den Präsidenten gestern gesehen. Ich fand ihn sehr vorwärts geneigt, wie man in diplomatisch nuancierten Kreisen sagt.»

«You saw the president yesterday. I thought he was very forward-leaning, as they say in diplomatic nuanced circles.»

– ÜBER SEIN TREFFEN MIT DEM RUSSISCHEN PRÄSIDENTEN WLADIMIR PUTIN, ROM, 23. JULI 2001

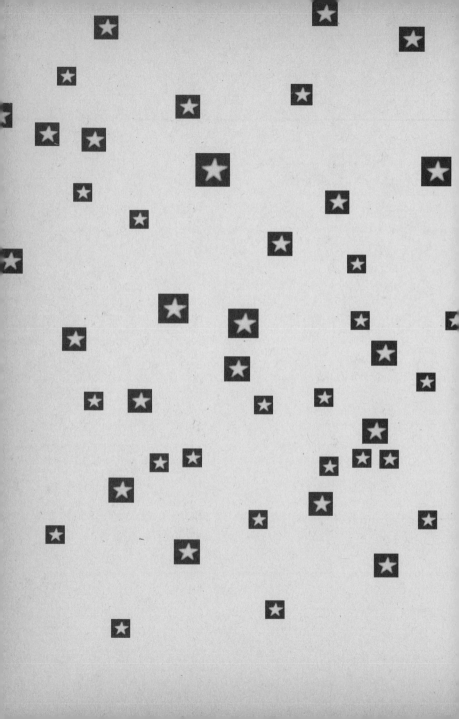

Bildnachweise:
Abbildungen von dpa auf Seiten:

 15, 121;

 17, 34, 35, 81; 18, 19, 108;  32, 33, 81;

 3, 47, 48, 49, 88, 89;  54, 55, 81, 84, 85;

  57, 61, 82;  60; 65, 80;

 66, 67, 68, 81; 77 (2. v. u.), 81;

 80; 86, 87; 90, 91

Daumenkino – dpa – oben rechts:

1, 21, 31, 49, 63, 73, 87, 103, 113, 121;

 7, 27, 43, 53, 61, 77, 91, 101, 109;   13, 35, 93, 111;

 37, 59, 69, 97, 123;   55, 67, 83, 119, 125;

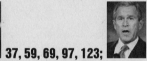 85;   127

Abbildungen von Reuters auf Seiten:

 25, 36, 37, 116, 117; 31;

 42, 43; 51, 80; 70, 71;

 77, 80, 94; 77, 112; 80;

80; 81, 100, 101; 104, 105;

108; 108

Daumenkino – Reuters – oben rechts:

 3, 17, 39, 47, 71, 105; 5, 11, 25, 29, 51, 57, 75, 95;

 9, 19, 33, 45, 89, 99, 115; 23, 41, 65, 79, 107, 117

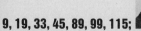